JN409144

구춘지 시집

그곳에 가면

도서출판 진실한 사람들

| 서 문 |

물봉선화 연정을 가슴에 품은 시인

5년 전, 서대문문화원에서 꿈엔 듯 그리움으로 다가온 '시의 숲길을 걷다' 프로그램에서 귀한 인연을 만났다. 지난 시간을 되돌아보니 우리가 시의 숲길을 행복한 마음으로 걸어왔다는 생각이 든다.

구춘지 시인이 등단 3년 만에 펴내는 첫 시집 《그곳에 가면》에는 구 시인의 삶의 여정이 맑은 수채화처럼 펼쳐지고 있다.

물봉선화 시가 첫 자식인 시라고 말씀하시던 모습이 지금도 눈앞에 선하다. 아무도 보아주는 이 없어도 물가에 방그레 피어나는 물봉선화 연정은 구 시인의 시심이라고 할 수 있다.

바라보는 사물마다 의미를 부여하고 애정 어린 시선을 던져주며 한 편의 시로 탄생시키는 노력이 아름다운 것임을 알기에 첫 시집 상재가 초록빛 감동으로 다가온다.

살아 온 연륜이 강물처럼 흐르는 시편과 여행지에서의 감상이 파노라마처럼 빛나는 시편, 사람을 향한 애정이 듬뿍 담긴 시편들을 한 권의 시집으로 탄생시키는 구 시인의 시 세계가 시간이 흐를수록 깊어지고 더욱 아름다워지기를 바란다.

2016년 11월

유 지 희 (시인)

| 시인의 말 |

詩를 쓴다는 것은 잠자고 있던 영혼을 깨워 설렘을 안고 새로운 길을 가는 일이다. 한편 치부를 드러내는 부끄러움이기도 하다. 시를 쓰면서 파란 하늘은 더 파랗게, 푸른 숲은 더 푸르게 볼 수 있게 되었다.

가족들은 말이 없다. 취미 생활한다고 여기저기 다녀도 묵묵히 지켜봐 주는 배려. 그것은 믿음이며 따뜻한 사랑이다. 늦은 나이에 등단 후 3년이라는 시간. 느낌이 오는 대로 마음의 울림을 모아 첫 시집을 펴낸다.

세상에 첫 발을 내딛는 떨림으로 初心을 잃지 않고 들풀 향기 같은 삶을 살고 싶다.

문인화 중 사군자를 배울 때 그려 출품했던 몇 작품을 시와 함께 싣는다.

2016년 가을

구 춘 지

차 례

제3부

제4부

제5부

제 1 부

「난초」 2001년 9월. 蕙堂 具春枝

물봉선화

그늘지고 습한 외딴 곳에
소박한 보랏빛으로 너는 피었네

아가들의 반달같은 손톱
아리따운 아가씨들도
너를 반기고 찾는 이 없구나

저 산마루로 가던 바람이
잠시 머물러 보듬고 토닥이며
외로움을 달래주네

찌든 더위 아랑곳하지 않고
가슴 시리도록
순수함을 잃지 않는 아름다운 그대여

애호박죽

더위에 식구들이 입맛을 잃을 때
남편은 콩국수를 좋아하지만
나는 애호박죽을 쑨다

향나무에 매달린 연둣빛 윤기나는
크지도 작지도 않은 호박꼭지를 딱 꺾으면
파란 몸에 가득한 하얀 눈물 방울 방울

내가 끓인 죽이
지난 날의 어머니 손맛만 하랴만은
딸들은 맛있게 먹는다

딸들이 내 나이가 되었을 때
엄마를 생각하며
한여름 우리 집 별미인 애호박죽을 끓이겠지

겨울 숲

겨울 숲길을 홀로 걸으면
고요함 속에서
편안하고 평화롭다

비바람 가려 줄
잎새 하나 없는 나뭇가지에
이름 모를 새 한 마리 쉬고 있다

굴참나무 두 팔로 안고
어젯밤 황당한 꿈 이야기를
소곤소곤 들려주며
소원 담긴 크고 작은 돌탑 위에
돌 하나를 더 올려본다

떨어지는 잎

스치는 바람 소리도 없는
안개만이 자욱한 날에
툭툭 떨어지는 잎
그것이 눈물인 줄 알았습니다

사그락 사그락
낙엽 밟는 소리가
슬픔인 줄 알았습니다

그리고 새로운 시작이라는 것도
알았습니다

뻐꾸기

분홍빛 연둣빛 향기
봄 잔치 가득한 날
봄을 깨우는 뻐꾸기 울음

온종일 앞산 뒷산을
배회하며 울어대는 너도
어쩔 수 없는 어미인 것을

갈대

너는 설렘이어라
아니 그리움이어라
외로움이고 낭만이어라
아니아니 갈대 너는 바람이어라

안개꽃

새벽 시린 바람 맞으며
안개비 내리더니
마른 잎 나뭇가지에
고요히 내려앉았네

지리산 반야봉에서 만난 꽃
아침 햇살 찬란한 순간 지고 마는
순백의 꽃

동백꽃

눈바람 속에서 핀 꽃
사랑을 주고 또 주고도
못다 준 사랑 못내 아쉬워 기다린
긴 세월

정열의 젊은 목숨 던진
순국선열 넋을 생각나게 하기에
시린 마음으로 보는 꽃

꽃잎 하나 흐트러짐 없이 떨어진 애처로움에
차마 밟지 못하고

떨어진 붉은 꽃송이
가슴에 안아봅니다

조개 아닌 꼬막

봄냉이 조개된장국
입을 꼭 다문 조개

아줌마
상한 것을 팔면 어떡해요

아지*와 고등어도 분별 못하는
두메 산골에서 서울 온 새댁
얼마 후 꼬막인 것을 알았네

* 아지 : 고등어처럼 값이 싼 서민들이 즐겨먹던 생선

기다림

잘못 걸린 전화도 한통 없는
비 갠 토요일 오후

앵두나무에서 참새떼 시끄럽고
추녀 끝 풍경을 바람이 깨운다

골목에서 뛰어놀던
아이들 소리도 사라졌고
키가 대문담장을 넘긴 접시꽃 마주하니
어느새 땅거미 지고 있다

국제회의
-부엉이 박물관

부엉이가 삼청동에 다 모였다

세계 각국에서 왔다
눈을 동그랗게 뜨고
제 각각의 모습
자연 환경에 대한
국제회의라도 열고 있는 걸까

부자로 건강하게 살고 싶은
인간의 마음 담아
모든 생활 용품에 새기고 그림 그리고
수놓고 조각품 만들어 없는 것이 없다

부엉이를 다 불러 모은 열정의 힘
지면에서만 보던 그분을
만나고 싶었는데
출타 중 뵐 수가 없었고
우리는 마음속에 부엉이를 안고
삼청동 겨울 길을 즐겁게 걸었다

자전거 여행

이 가을이 지나기 전에
새로운 길을 가리라
설레는 마음 한아름 담고

붉은 태양 머리에 이고
푸른 강 옆 허리에 끼고
비단산 앞뒤로 휘감고
바람 맞으며 가르며
팔당 능내 양수리 양평
북한강 가로질러 다리 건널 때
두둥실 물 위에 구름 되었네

앞서거니 뒷서거니 우리 노부부
풍경과 함께했던 낭만의 자전거 여행
기억 속에 오래도록 남아 있으리

-2012. 10.

발리에서

꽃잎되어 모였다 부서지고
새의 날개처럼 파득이다 흩어지는 물결
인도양 수평선 바다를 보며 나래를 펴본다

가루다*가 되어 인도양 푸른 하늘을 날아볼까
거북이가 되어 산호초 바다를 헤엄쳐 볼까

바람이 몰고와서 존재도 없이
바다에 사라지는 빗방울 같은 작은 나

캄보자* 하얀 꽃 목걸이 걸어주며 환영을 해준다
황홀한 캄보자 꽃향기 마음을 사로잡는다

-2016. 6.

* 가루다 : 인도네시아어로 독수리

* 캄보자 : 이랑이랑이라고 우리나라에서는 알려짐

제 2 부

「매화」 2001년 7월. 蕙堂 具春枝

그날의 기쁨

바로 그날
세상을 다 얻은 것 같았다

발바닥이 부르트도록
이력서 들고 동분서주했던
취직의 높은 문턱

2차 면접 시험 날
서투른 넥타이
몇 번이나 고쳐 매며 긴장한 모습
그저 바라만 보던
가슴 짠하던 그날 아침

우리 온 가족의 기쁨
대학입학 시험보다 더 어려웠던
최종 입사합격

개천에서 용났다는 큰 아들아
오늘날까지 흐트러짐 없는 효심
언제나 사랑과 기쁨이어라

고향

고향집 뒤뜰에
감나무 한 그루

감꽃 떨어지면 실에 꿰어
동생 목에 걸어주던 그때가 그리워

오십여 년이 훌쩍 흐른 뒤 고향집 찾아가보니
내가 살던 집은 간곳이 없고
늙은 감나무만 제자리 지키며
가지마다 등불달고
붉게 익어가고 있다

안개 속처럼 희미한
옛 생각 접고 돌아서려니
그제서야 까치들이 나를 반긴다

민들레

좁은 골목 담모퉁이
별빛 담고 달빛 품어
희망으로 피는 꽃

아가들의 울음소리
아이들의 웃음소리
늙은이의 한숨소리

꽃잎마다 차곡차곡 담은 꽃
노란 꿈 되어
높이 날아간다

세월

미루나무에서 가슴 에이도록 우는 매미
누군들 큰 소리 내어 울고 싶지 않으리

뜨거운 태양 아래 논에 피 뽑고
논두렁 풀 베는 농부는
네가 얼마나 부러우랴

인고의 세월 감내하며
승화시킨 천상의 소리

굽은 허리 펴며 이마의 땀 닦으며
들녘을 스치는 바람에 보내버린 세월
가슴 골골이 새겨진 사연
큰 소리로 노래 불러보리라

고독

어둠 타고 밀물이 되어
온몸에 휘감긴다

그 누군들 고독하지 않으리
모두 다 고독한 영혼인 것을

푸른 눈물 가득 고인
별빛 쏟아지는 언덕에
그대와 같이 누웠고

노란 은행잎 떨어지는
돌담길도 그대와 걸었네

고독은 침묵의 강물 되어
영원한 친구 되었네

행복

박속 같이 하얀 얼굴
흑진주보다 까만 눈동자
그 큰 눈에 내가 풍덩 빠졌다

손녀딸을 가슴에 품어 안으면
"뽀뽀해 줄까 할머니 뽀뽀"

나는 행복에 겨워 눈을 감는다

어둠

긴 해거름이 누워버리고 그림자 엷어지면
어스름이 고요히 밀려와
안개처럼 가득하다
어둠은 양탄자가 되었다

별빛만이 어둠을 지키고
애끓는 듯한 모든 소리
찌든 빛까지 품어 안으면
편안한 밤이 까맣게 내린다

허수아비

허허한 바람이 빈 들녘을 쓸 듯이 가는데
너는 양팔 활짝 펴고 외다리로 서 있네
나른나른한 팔소매자락 펄럭이면서
네 곁을 돌며 어깨에 앉아 졸던
너의 친구 고추잠자리도 가버린 지 오래건만

네가 무서워 놀라서 종알거리며 파드닥 파드닥
요란스럽게 날던 참새들도
모두 숲으로 사라졌는데 너만은 찬서리 맞으며
탈곡기 소리 농부들의 흥겨운 노랫소리
풍요가 넘치던 이곳에 그대로 서 있네

자욱한 안개 속을 까마귀 날고
하얀 달빛만이 너를 감싸는구나
두 손을 잡아주는 이 없고 같이 가자는 이도 없어라
그래도 그리운 것은 햇볕 쏟아지는 날 참새들의
종종이는 지저귐 푸드드 푸드드 날아가는 소리

그리움

난향(蘭香) 그윽히 피어오를 때
그 님이 그리워라

설산에 매화가 봄 소식 전해주는데
님의 소식은 그 누가 가져올까

난향은 그리움 되고
그리움은 향수 되었네

모란꽃

우리 집 좁은 뜰에 올해도
서른 여 송이 꽃이 피었다
황홀함에 넋을 잃고 보다가
향기에 취한다

나 사는 동안 품위있게
살지는 못하였어도
이 생명 다하는 날까지
추한 모습 보이지 않고
떨어지는 너를
닮고 싶은 마음 간절해진다

언니

얼굴이 하얗고
마음이 순박한 언니
찔레꽃 닮았네

달빛에 어리는
찔레꽃 같은 해맑은 웃음
언니 체취는 찔레꽃 향기

언니가 그리운 날은
찔레꽃 보면서
언니 모습 그려본다

이별

당신은 떠났습니다
시골 버스를 타고 갔습니다

산과 들이 모두 하얗고
하늘은 먹구름 끼었으며
바람이 소나무에서
크게 소리내어 울던 날

목련꽃 피면
얼굴 가득 웃음 띄우며
돌아올 줄 알고 기다렸는데

이별은 큰 아픔으로 남았고
영원한 슬픔이 되었습니다

보름달

맑은 빛
포근하고
둥근 얼굴
정다워라

보름날 밤
소원 비는 나를
갸우뚱 내려다 보는
달님 속
어머니 얼굴

약속

그대와의 약속
모두 잊었습니다

그대 못 잊어서
그 약속 잊었습니다

나 그대 사랑했기에
그 약속 다 잊었습니다

약속은 약속인데
약속을 잊다니요

그대와의 약속
다 잊고 긴 세월 살았습니다

며느리밥풀꽃

몰래
밥 훔쳐 먹다가
시어머니께 들킨 것이 너무 겁이 나
마음 여린 며느리 입에서 튀어나온 밥알이
빨간 꽃으로 피었다는 꽃

이제는 깊은 산에 숨어 숨어
꽃으로 피어나는 당신

며느리밥풀꽃 보며
뜨겁게 살아오신
우리 어머니들의 삶을 되새겨 본다

제 3 부

|「국화」 2005년 6월. 蕙堂 具春枝|

바람 부는 날

남부 시외버스 터미널 대합실
어디론가 떠나고픈 날
요금표지판 행선지 표지판
두리번거리며 살피는 사람들
흥분에 들뜬 싱그러운 젊은이들
축 늘어진 어깨로 앉아있는 중년신사
쉴 새 없이 열리고 닫히는 출입문
향하는 출구마다 흩어지는 사람들

붉은 진달래 아직도 가슴에 피어 있는데
붐비는 인파 속에서
울컥 젖어오는 눈시울
돌아올 수 있기에 떠나는 설레임
꽃바람 봄바람이 불어온다

가재를 잡아보셨나요

작은 냇가 옥수같은 물이 흐르는 고향마을

칠월은 농촌 일손이 잠시 쉬는 달
콩 심고 보리타작 끝낸 뒤
동네 남정네들 날 잡아 천렵을 한다
우리 동네는 가재잡이를 했다
바위틈 돌틈에서 숨어사는 가재
돌을 살짝 들어 가재를 찾는다
잡으려는 순간 바위틈으로 숨어버린다

냇가마다 도랑마다 흔하던 가재
1급수에서만 사는 귀하신 몸인 것을 이제야 알았다
개발이라는 이름 아래 지금은 잘 볼 수 없고
봄이면 버들가지 눈뜨는 그 냇가도
사라진 지 오래여라

초록숲길

구름 한 점 없는 하늘
가볍게 숲길을 걷는다
약수터에 목을 축이며
마주치는 사람들 눈인사
초록 웃음이다

낮달이 쉬고 있는 산마루 나뭇가지로
바람이 지나간다

입춘맞이

바람은 매서워도
봄 햇살은 가까이 와 있다

우리들보다 꼭 하루 먼저
설날을 맞이한
까치들이 깍깍
요란스럽게 숲을 깨운다

정과 사랑 아낌없이 덜어낸 노인
자글자글 주름진 얼굴 작아진 몸
계단 담벽에 기대서서
눈을 감고 해바라기를 하고 있다

아직 기지개를 펴지 않은 나무들은
동편에서 온 바람이 흔들어
가지마다 줄기마다 물을 올린다
새로운 생명의 탄생을 위하여

봄의 향기

햇미나리 넣어 담근
나박김치 한 탕기

새콤 달콤 상큼하게 무친
달래 무침 한 접시

구수한 된장 풀고
모시조개 넣고 끓인
냉이국 한 대접

봄은 우리 집 식탁에 찾아와
집안 가득 봄향기를 채워주고 있다

청매화

봄이면 선암사에 가고 싶다
그곳은 천상에서 내려온 빛이 있기에

정결하고 여린 연둣빛꽃
울컥 눈물이 솟아
설레는 가슴에 아롱진다

이름도 청아한 청매화
그대를 언제 다시 볼 수 있을까

접시꽃을 보며

누가 보냈을까
바람에 떠돌다 안식을 취하려 사랑 찾아왔나

정돈되지 않은 화초밭 돌틈 사이
빨간꽃 옆에 하얀꽃
싹을 틔우고 뿌리를 내려
꽃대를 네 개나 키웠네
훌쩍 큰 키에 활짝 핀 꽃송이
혹여 하는 마음으로 담장 밖 훔쳐보는 새색시
빨간꽃 하얀꽃 오고 가는 마음

접시꽃, 너를 보며 나를 본다

매미

8월의 태양을 온몸으로 삼키며
작은 몸으로 아름드리 나무를 끌어안고 울고 있다
짧은 생애 길게 울어라
하늘을 울리고 땅을 감동시켜야 한다
참 사랑을 위하여
울음의 긴 떨림이 여름 지나도록
사라지지 않고 있을 것을

가을이 가고 있다

들향기 가슴에 품고 오는 가을
먼 그리움이 다가선다

핏물 들 듯 붉게 물든 잎새
툭툭 떨어지면
숨 죽이던 서러움 눈물 되어 흐르고
가여운 영혼은 자유를 찾아
허공을 날고 있을 때

가을은 달 그림자에 들향기 담아
뜨락에 내려놓고 가고 있다

가을바람

소슬 바람이
하늘을 높이 들어 올리고
둥근달을 띄웠네

창틈으로 들어오는 바람에
고향 떠나온 몸과 마음이 시리다

여름 내내 비어 있던
아궁이에 까만 연탄 넣어
빨갛게 불 피워보리라

겨울 문턱에 서서

노오란 아침 햇살
따스하게 퍼질 때
늦잠 잔 달님 멋쩍은 미소

얼었다 녹은 아가의 볼 같은
빨간 감 한 개 대롱대롱

무 배추 거두어들인 빈 텃밭
싸리가지에 하얀 서리
낙엽 타는 매캐한 내음 붉어진 눈시울

제철도 모르고 핀 노란 개나리
계절을 탓하여 무엇하리
한번 왔다 가는 것이 세상 이치인 것을

겨울 공원

바람 따라온 낙엽과 같이
눈 내린 공원을 걷는 아침

시이소도 덩그러니
그네도 멈추고 의자들도 텅 비었다

동녘에는 새색시 얼굴빛
햇살이 퍼지고 있는데

비둘기 한 쌍 날아와
친구하자 새우깡 던져주니
먹이 쪼는 일만 분주하다

한강 공원

수많은 희망이 모이고 고여
흐르는 한강

정열의 태양이
물에 내려앉으면
금빛 은빛 은하수되어
눈부시게 반짝인다

코스모스 살랑살랑 미소 짓고
흰 머리 날리며
다가서는 갈대숲

꿈을 실은 솔개연
힘차게 창공을 높이 날고

둘이 셋이 손잡고 걷고
자전거로 달리며
바람을 가르는 사람들

꿈과 낭만이 무지개로 뜨는 한강 공원

고드름

장마비 내리듯
슬프면 눈물을 펑펑 쏟아낼 일이지
쓰린 가슴 안고 방울 방울 참고 참아
수정 고드름이 되었네

한파 지나면
낙숫물 소리 흘러
고드름의 생애는 강물로 간다

제 4 부

|「석죽」 2002년 7월. 蕙堂 具春枝|

그곳에 가면

여름에 바다로 갔던 바람이 돌아와
억새는 밤새 바람을 부둥켜안고 울고 있다
궁예의 하늘을 가르는 통곡소리 들린다
산사의 풍경도 잠 못 이루고 우는 밤
별들의 고인 눈물 마른 풀잎 적시는 새벽
검은산 그림자 기지개 켜며 일어서고
푸른 달은 말없이 언덕을 내려와
호수에 얼굴 담근다
억새의 울음소리 잦아들고 있다
쓸어안고 가다가 다 놓고 가는 바람 같은 삶
억새를 울리는 바람이 그곳 명성산에 가면 있다

문배마을

문배마을이 좋아서
나 강촌으로 간다네

병풍을 둘러쳐 놓은 듯
낮은 산이 둥글게 원을 이루며
우물 안 세상 같고
달 속 안에 있는 것 같은 마을

냉이 씀바귀 지천이고
개구리 맹꽁이 울어대는
작은 논밭이
그림처럼 펼쳐져 있으며

신작로는 보이지 않고
자동차 소리도 들리지 않는
봄 여름 가을 겨울 계절마다
평화롭고 아름다운 곳

두부 끓는 냄새 솔솔 풍기는
지상낙원 작은 마을
이곳에서 살고 싶어라

점순이의 동백꽃

-김유정 문학촌

당신이 태어나서 자란 실레마을
님이시여
푸른 달빛에 배꽃 날리듯 짧은 생애
뼈를 묻지 못한 고향땅

님의 정신 순백의 넋으로 돌아와
마을 길목 골목 님의 숨결 살아 숨 쉬고
우리네 어버이들의 고되고 질긴 삶이 묻혀 있다

금병산 자락 봄봄봄
점순이의 노란 동백꽃이 피고 지며
님의 넋을 달래주고 있다

옥천을 가다

정지용 선생을 만나뵈러 옥천을 가다

집 앞 실개천은 흐름을 멈추고
잡초만 무성하다
누런 황소 볼 수 없고 울음소리 들을 수 없지만
길가 코스모스와 과꽃
객(客)의 옷깃 잡으며 반겨주고 있다

사람은 돌아올 수 없는 길로 간 지 오래여도
그의 얼 살아 숨 쉬는 곳
봄비처럼 가슴을 적신다

옛 모습 복원하여 보존하고 있는
살아생전 흔적 남긴 체취 느끼며
가을 소리 듣고
가을 향기에 젖어 온전히 가을에 머물렀다

홍제천의 슬픈 역사

그대들이 눈물 쏟던 이곳
정성으로 가꾸고 다듬어
걷고 싶은 길이 되었다

길 옆에 핀 하얀 섬초롱꽃
얼굴 들지 못하고 고개 숙인
떠나간 그대들의 모습인 듯

지켜주지 못하여
치욕스럽게 짓밟힌 여인들
따뜻한 가슴에 품고 다독여 준
남정네 있었을까

그대들의 몸을 씻던 물
흘러 흘러 옛물이 아니건만
들추고 싶지 않은 옛 역사

운명을 원망하리
세월을 탓하리
동떨어져 살아가는
한 시대의 여인이
통곡하는 그대들의 상처난 넋을
달래보는 마음으로 홍제천을 걸으며
은대봉*에 피어 있어야 하는
섬초롱꽃을 바라본다

*은대봉 : 강원도에 있는 산, 섬초롱의 군락지

제비꽃

작달막한 키 여린 몸
겸손히 고개 떨구고
하나밖에 없는 귀
쫑긋 치켜 세우고

그리움에 기다리는 님
발자국 소리 들릴까
오솔길가에 진보라꽃 피웠네

남촌 소식 몰고 오는
바람에게 물어보렴
어디쯤 오고 있는지

편백나무 숲길

편백나무 울창한 숲
굽지도 휘지도 않고
오로지 꿋꿋이 하늘을 향하여 푸르게 서 있다

하늘은
나무들 사이로
파란 조각보가 되었고
햇살은
금빛 화살되어 쏟아지며
바람은
세상 무거운 짐 다 풀어놓는다

보듬고 내어주며
지친 사람 쉬어 가라 하고
아픈 사람 머물다 가라 하는
편백나무 숲길을 걷고 있다

두타연(D.M.Z.)에서

금강산을 가고 오던 옛길
사람이 다니던 길을 사람이 막았어도
물의 길은 막을 수 없어
깊고 푸르게 못을 이룬 두타연

동족간의 전쟁으로 잃은 수많은 희생자들
이름도 성도 알 수 없는 병사들의 유골
지뢰와 함께 묻혀 고향도 찾을 수 없다

얼마나 많은 피를 흘렸기에
이름마저 피의 능선인가
반 세기가 지나고
십 년이면 강산도 변한다는 세월을 더하고
십 년이 또 꼬부라지게 흐른 시간

지금도 정해진 길로만 걸을 수 있으며
숲속은 한 발도 걸을 수 없는 곳
숲은 이 어이없는 아픔을 알기에
그들의 못다 한 삶의 몫까지 다하였나 보다

그대들이 피 흘리고 목숨 바쳐 되찾은 땅이기에
이 아름다운 절경을 볼 수 있는 것
언제든 가고 싶을 때 가고
오고 싶을 때 올 수 있는 새들처럼
하나 되는 그날을 간절히 소망하며
위령탑 앞에 머리를 숙여본다

쪽동백

오월의 초록 물결, 화려한 신부
다소곳이 고개 숙인 순백의 꽃

이야기꽃으로 밤 새운 별님들
내려앉아
무리진 쪽동백 향기로 가득찬 오솔길
들꽃들과 어울려 푸른 숲을 하얗게 물들이고 있다

소나기 마을

산은 흐르는 물에 취하고
강물은 연초록 봄빛 산에 반한
그 풍광에 흠뻑 젖어서 갔다
소나기마을 황순원 문학관

연둣빛 비단에 다복다복 수놓아
햇솜 타서 꾸민 이불 같은 산하

육신은 세월을 거스를 수 없지만
마음은 그대로 머물러 있어
어린 계집아이가 되어
수수깡 움막 앞에 서 본다

소나기 그치고 언덕에 뜬 무지개
모래알로 밥 짓던 작은 시냇가
멀어져 간 시절 다가서는 그리움

우이령

연둣빛 눈망울 반짝이는 숲
계곡 물 소리
우리를 유혹하며
봄바람은
나무와 꽃들의 얼굴
부드럽게 쓰다듬는다

황톳길을 걷는 것은
어머니 품 속에 안겨
볼을 비벼대는 것

골골마다 핀 진달래
내게 안겨와 가슴속
꺼진 불씨를 지피려 한다
오봉의 웅장함과 숲의 여유로움에
잠시나마 움켜쥔 모든 것 내려놓으니
마음은 파란 깃털 되어 날아오르는 꿈같은 하루

지리산 둘레길

고사리밭 도라지밭
구절초 하얗게 피어 있는 들길 따라서

다랑이 논에 황금물결
논두렁 길을 걷고
솔바람과 대숲의 언덕을 넘는다

마을과 사람들의 사연
뼈저리게 시린 아픔
품어 안은 지리산 둘레길

동동주 한 잔으로 목을 축이고
평화로운 가을 하늘 땅
다정한 친구와 걷는다

서천 갈대밭에서

갈대가 바람에 소곤거린다

기러기는
고향 갈 채비로 분주하고
마음은
강물처럼 흘러가며
갈대는
아직도 손짓하고 있는데

돌아갈 고향은 없어라

제 5 부

「석란」 2006년 6월. 蕙堂 具春枝

간을 맞추자

싱겁지도 짜지도 않게

음식 할 때면
맛이 있나 없나
할머니께 드려본다
그때마다 할머니는
간만 맞으면 맛있다고 하셨다

진수성찬인들
싱겁거나 짜면 무슨 맛이 있으리
그러나
어디 간 맞추기가 그리 쉬운가

일상생활에서
시시때때로 생각나는 할머니 말씀

싱겁게 살지 말아야지
더더욱 짜게는 살지 말아야지

허 심(虛心)

1.
고요한 산사의 풍경소리
허례허식 가득한 마음
풍경 끝에 달아 놓으면
바람으로 사라지려나

가슴에 파란 하늘 담는다

2.
산사 추녀 끝자락
바람을 기다리는 풍경

어두운 속세의 번민 하나 실어보면
무거운 마음 덜어지려나

바람으로 왔다 사라지는 풍경소리
움켜쥔 것 없는 마음

동 트는 새벽이 오고 있다

3.
산사에서 울고 있는 풍경
제 스스로 바람을 삼키며
바람이 되어버린 풍경소리

비우고 내려놓지 못한 어리석음
풍경소리 벗이 되어
바람처럼 살고 싶은 마음

꽃다지

먼 옛날 어느 봄날
여섯 살 계집아이
냉이 캔다고 집을 나섰네

꽃다지 캐어
바구니에 가득 담았네

세월이 흘러 어린아이 머리에
서리 내려 은발되고

길가에 노오랗게 핀 꽃다지

예쁜 이름 불러보며
아련한 추억 속에 흐르는
감미로운 미소

너에게
꽃다지란 이름을 지어 준 이는
누구란 말인가?

사랑

고운 비단에 색색실로 한 땀 한 땀
아프게 찌르고 엮어서
꽃이 되고 나비가 되어
화려하게 수가 놓아지듯

가슴 깊이 고운 수놓는 것이 사랑이라면
난 사랑하지 않고
무명천 그대로 있으오리라

서러움

크게 소리 내어 운다고
언 강물 풀리듯 풀릴까

긴 세월 흘렀다고
잊혀져 지워질까

사연 없는 이 누가 있으리
가슴 한 켠에 묻고

너나 없이 아픈 마음
네 서러움에 네가 울고
내 서러움에 내가 운다

그 누가 말했던가
피는 꽃도 서러움이요
지는 꽃도 서러움이라고

엄마 생각

-도 마

가을 소리에 문득 어머니 생각
뚝딱뚝딱 이른 새벽 도마소리

움푹 파인 나무도마는
몸도 마음도 다 내주신
엄마의 살아 온 흔적일세

살찐 껍질 벗고
바짝 마른 번데기 나무도마에 얹혀 있다

사랑은

사랑은 눈빛이 가서
눈빛이 머물고

사랑은 눈빛으로 주며
손길보다 눈빛으로 쓰다듬고

사랑은 말보다 눈빛으로 속삭이고
따뜻한 눈빛으로 품는다

부부

하많은 세월
뜨거운 가슴으로만 어이 살았으리
해 맑게 뜨는 날만 있을 수 없듯이
간간히 천둥치고 소나기 쏟아졌지
비 온 뒤 땅이 더 굳는다 했던가

미울 때는 밥 먹을 때
쩝쩝 소리 내는 것도
뒷꼭지 바라보는 일도 힘들었고
나이들면서
구부정 앉아있는 모습
시도 때도 없이 앉은 채 조는 모습
모두 마음 짠하다

돌 하나 하나 공들여 탑을 쌓듯
다지며 살아온 한평생
부부는 고운 정보다 미운 정으로 살아가는
하늘이 맺어 준 천생연분

허무

비 내리는 가을 밤
누군가를 만나러
길 떠나고 싶은 마음

안개처럼
아련한 그리움 젖어들 때
다가갈 수 없이 멀리 떠난 그대의 넋
들녘에 핀 구절초처럼
하얀 향기 되었으리라

하루 종일 허무한 마음
뜨락에 핀 국화 바라보며
따뜻한 차 한 잔 같이 나눌 사람이 그립구나

-2014. 8. 돌아가신 어머니를 생각

윤사월

송홧가루 노랗게
날리는 계절
봄볕에 까맣게 탄
어머니 얼굴

송홧가루 앙금에
조청으로 버무려 만든 다식
어머니 손맛

바람에 날리는 찔레꽃잎에
아련한 추억 실어본다

그리운 사랑 1

명주 실타래 같은 머릿결
참빗으로 곱게 빗어
은비녀로 쪽 지시고
초하루 보름이면
장독 위에 정화수 올려놓고
천지신명께 빌으셨네

여린 달빛 등불 삼아
명주실 감아 꾸리지으시고
가을이면 들국화 꺾어 빚은
누룩으로 술 담그셨지요

할아버지 안 계신
열 식구가 넘는 대 식구
자그마한 체구로
인고의 세월 다 감당하시며
말씀 아끼시고
행동으로 솔선수범하셨습니다

나에게 큰 버팀목 되어 주시고
항상 자애로 감싸시던
할머니 사랑 그립습니다

그리운 사랑 2

한낮에 살포시 드러낸 얼굴
하얀 낮달을 닮은 할머니
생전에 무명옷만 입으셨지요

누에 키워 실 뽑고
베틀에 나르고 메어 명주 길쌈하여
노랑 진분홍 물들여 홍두깨 내려
곱게 곱게 설빔지어 주셨네

인조견 옷고름에 금박찍힌 옷이 부러워
투정부리던 철부지
"이 명주가 진짜 비단이란다"
나를 달래시던 말씀

할머니 보고 싶습니다

바람

나 바람 되어
그대 곁에 가리라

그대 품에 안겨
머물고 싶지만
그럴 수 없기에 떠나리

언덕을 넘어
갈대숲 강을 지나
푸른 바다로 그대 그리며
하얀 파도 일으키는 바람이 되리

유월 내 고향

새벽 안개 사이로 걷던 들길
희미한 그림자로 남았다
푸르름 가득 안고
들떠있는 마음을 잠재운다

보리가 구수하게 익어가는 들녘은 금빛 물결
보랏빛 하얀빛 감자꽃
포실포실 살이 오르는 감자
보릿고개 한숨소리 잦아든다

앞산 뒷산 뻐꾸기 울음
냇가에 때 이른 아이들 물장구 소리
뜨거운 생명의 들꽃이 미소짓는 유월
초록 향기 가득 실은 구름
언덕을 내려와 들길을 가고 있다

종이컵

먼 나라에서 외항선 타고 왔나

내 삶은
물 한 잔
음료수 한 잔
자판기 커피 한 잔에
속절없이 무너져 내린다

자연의 품으로 돌아가려면
이십 년 이상을 기다려야 하는데

내 모습이 푸르른 나무였던 때가 언제였는가
아름다운 모습으로 다시 태어나는 꿈을 꾸며
눈을 감는다

삶의 무게

캄캄한 저녁 밤길
허리 굽고 다리 저는
안늙은이가 걸어간다
빈 상자 주워 모은 것
묶어 끌고 간다

요즘 젊은이들
이런 삶 이해할 수 있을까?

늙은이여
무거운 짐 전생에 놓고 올 일이지
저승 갈 때는 모두 내려놓고
내세에는 편히 사시길…

깨달음

소원 들어달라고
처음에는 삼배
그 다음 칠배 팔배
삼십삼배 백팔배

부처님은
눈 가늘게 뜨시고
말씀없이 미소 지으시며
두 손 들어 알려 주시네

마음 비우고 분수껏 살면 그것이
곧 행복이라고

나비는 높게 날지 않기에
아름다운 꽃밭에서 산다는 것을

사라져간 소리 (~1970년까지)

생각해 보면 그렇게 먼 옛날의 시간은 결코 아니다. 40여 년 전에 우리가 자주 들었던 소리들이 이제는 먼 옛날의 일로 기억되는 것은 어째서일까? 그것은 아마도 지금은 들을 수 없는 소리이기 때문이 아닐까?

이른 새벽이면 손종을 땡그랑 땡그랑 치면서 작은 손수레에 두부를 싣고 다니며 "두부요 두부 따끈따끈한 두부가 왔어요"라며 아침을 여는 소리가 들렸다.

콩나물 파는 소리는 또 얼마나 정겨웠는가? 가마니에 가득 담긴 콩나물을 지게에 지고 다니며 "콩나물 사요 콩나물 사세요" 그 소리를 듣고 아낙네들은 바가지나 소쿠리를 들고 와 덤으로 주는 인심까지 얹어 콩나물을 받았지.

"구두 딱소 구두 딱어~" 아버지 구두 남편 구두를 닦으라고 우렁차게 외치는 소리도 귓가에 아직 남아 있다.

시계를 맞추어 놓은 듯 어제 그 시간에 오늘도 어김없이 "새우젓, 어리굴젓이요, 곤쟁이젓도 있어요" 가락좋게 외치던 아저씨는 지금은 어떻게 살고 계실까?

머리에 힘겹게 계란을 인 계란장수 아주머니는 "계란이 왔어요, 계란 싱싱한 계란…" 계란 파는 아주머니 목소리에 해는 벌써 중천에 떠 있었다.

짤그락 짤그락 엿장수의 가위질 소리를 듣고 집안에 있는 구부러진 놋쇠 숟가락, 떨어진 고무신짝 갖고 나가 엿과 바꾸어 먹던 그 풍경은 이제 관광지에서나 어쩌다 볼 수 있는 풍경이 되었다.

골목골목을 돌며 "뻰~ 뻰~" 뻰데기 사라고 외치는 소리와 여름이면 듣기에도 시원하게 "아이스케키, 아이스케키, 아이스케키~" 땀을 뻘뻘 흘리며 소리치는 곳을 향하여 올망졸망 아이들 모여들었지.

겨울이면 "찹쌀떡 메밀묵 사려" 추위를 가르는 소리와 밤 열두시 통금을 알리는 딱딱이 소리에 발걸음이 바빠졌었다.

냇가 빨래터에서 빨래하는 여인들의 방망이 소리 사라진 지 오래되었고, 밤늦도록 딱딱똑똑딱딱 어머니의 다듬이질 소리 더 이상 들을 수 없네.

소독차 하얀 연기 뿜으며 붕붕 달리는 소리에 아이들 와야 신나게 달리며 그것이 해로운 것도 모르던 시절이 있었네.

"우산 고쳐요, 구멍난 냄비 양은솥 때워요. 부서지고 망가진 상도 고쳐요." "칼 갈아요 칼" 집집마다 대문을 두드리며 지르는 소리. 길고 굵은 철사를 둘둘 말아 메고 "뚫어 뚫어 굴뚝 뚫어요. 막힌 굴뚝 뚫어요" 지금 굴뚝 있는 집들은 추억 속으로 사라졌다.

"똥 퍼요, 변소 퍼요" 골목에 구린 냄새 가득 풍기고 어깨에 똥지게 지고 골목을 누볐었는데.

"땅콩 오징어, 시원한 맥주 사이다가 왔습니다. 삶은 계란도 있습니다" 달리는 완행열차 안에서 듣던 소리, 그 소리와 더불어 젊은 학생들의 통기타 치는 소리를 듣는 것은 그 시절 최고의 낭만이었지. 지금은 완행열차가 사라지고 하루만에 부산을 왔다갔다 하는 세상이 되었다.

우리는 골목에 정이 들었고 풍경이 있는 삶을 살아 왔는데, 지금은 모두 사라진 서민들의 소리를 들을 수 없게 되었다. 그 소리들을 노래처럼 듣고 싶다.

| 해 설 |

밝음에 이르는 숲길
- 구춘지 시집 《그곳에 가면》

신 광 호 시인. 문예비전 편집주간

1.

구춘지(具春枝) 시인의 시를 읽어본 것은 2013년 봄, 추천작품으로 비롯되었다. 그날 〈문배마을〉, 〈겨울 숲〉 등에 내 마음이 기울었다. 푸른 하늘처럼 내 마음이 맑아지는 느낌 안에 사로잡혔다. 간결한 데서 느껴지는 아름다움, 선명한 인상을 나타내는 흐름이 빠른 문체. 이처럼 기행의 실감이 잘 건져올려진 시를 만났기 때문이다. 이제 첫 시집을 상재한다 하니 뒤늦은 감이 있지만, 등단 후 부지런히 시의 밭을 갈아오면서 우리에게 밝은 사회에 대한 사랑과 희망을 읽게 해 주어 반갑다. 그 인연으로 기쁜 글을 실어보낸다. 그는 1945년 경기도 용인시 양지 출생, 17세에 서울에 왔고, 뒤늦게 평생학습의 장에서 문인화와 문학에 열중하고 있다.

문배마을이 좋아서
나 강촌으로 간다네

병풍을 둘러쳐 놓은 듯
낮은 산이 둥글게 원을 이루며
우물 안 세상 같고
달 속 안에 있는 것 같은 마을

냉이 씀바귀 지천이고
개구리 맹꽁이 울어대는
작은 논밭이
그림처럼 펼쳐져 있으며

신작로는 보이지 않고
자동차 소리도 들리지 않는
봄 여름 가을 겨울 계절마다
평화롭고 아름다운 곳

두부 끓는 냄새 솔솔 풍기는
지상낙원 작은 마을
이곳에서 살고 싶어라

-〈문배마을〉 전문

소원 들어달라고
처음에는 삼배
그 다음 칠배 팔배
삼십삼배 백팔배

부처님은
눈 가늘게 뜨시고
말씀 없이 미소 지으시며
두 손 들어 알려 주시네

마음 비우고 분수껏 살면 그것이
곧 행복이라고

나비는 높게 날지 않기에
아름다운 꽃밭에서 산다는 것을

- 〈깨달음〉 전문

갈대가 바람에 소곤거린다

기러기는
고향 갈 채비로 분주하고
마음은
강물처럼 흘러가며

갈대는
아직도 손짓하고 있는데

돌아갈 고향은 없어라

-〈서천 갈대밭에서〉 전문

겨울 숲길을 홀로 걸으면
고요함 속에서
편안하고 평화롭다

비바람 가려 줄
잎새 하나 없는 나뭇가지에
이름 모를 새 한 마리 쉬고 있다

굴참나무 두 팔로 안고
어젯밤 황당한 꿈 이야기를
소곤소곤 들려주며
소원 담긴 크고 작은 돌탑 위에
돌 하나를 더 올려본다

-〈겨울 숲〉 전문

"「지고 지선, 지미」를 향하여" 제의 심사평을 보자.
여러분의 작품을 만나는 기쁨은 매우 크다. 문학이 필

요한 시대를 살고 있다. 우리가 숨 쉬고 살고 있는 한 우리의 힘을 발휘할 수 있는 것이 문학이 아니겠는가. 서정시는 독특한 양식과 시어의 선택, 행과 연의 배치, 운율의 설정 등의 원리에 의해서 시인의 의식을 형상화하는 것이라고 보고 있다.

2013년 5월, 문예비전 신인을 추천하며 좋은 작가로 성장하기를 희망한다.

구춘지(具春枝) 씨의 시 〈문배마을〉, 〈깨달음〉, 〈서천 갈대밭에서〉, 〈겨울 숲〉 등 4편을 신인 추천작으로 시단에 소개한다. 시인의 독특하고도 다양한 체험과 함께 세계 인식이 뿌리내리도록 계속 정진하시길 바란다. 보통 사람들이 그냥 지나쳐 버리기 쉬운 사물에 자신의 기억이나 추억을 불러들여 머물게 하고 꿈을 심어주는 작업을 향하여 나날이 세차게 나가시길 희망한다.

시란 무엇인가, 시는 어떠해야 하는가, 이것에 대한 답을 쓰는 것이 시쓰기라는 말에 동의하면서.

-심사위원; 신광호(글), 임병호, 유지희

구 시인은 "시작이지만 영혼은 맑아지고" 당선 소감에서 '봄 여름 가을 겨울 계절과 일상의 아름다움을 사진작가는 사진으로, 그림 그리는 화가는 화폭으로 옮긴다. 자연과 생활의 느낌을 한 자 한 자 진솔하게 글로 표현한다는 것은 더욱 멋진 일이 아니겠는가? 모든 사물을 보고 느끼는 가슴은 같은 것일진데 왜 나는 안 되는 것일까 안타까웠으며 글을 쓴다는 것은 늘 선망의 대상이

었고 내가 글을 쓸 것이라고는 생각해 본 일도 없었다. '시의 숲길을 걷다'의 회원이 되어 글 쓰는 것을 처음 맛보게 된 것은 이 늦은 나이에 큰 행운이 찾아온 것이다. 아직 혼자 서지도 못하고 벽을 잡고 일어서려는 어린 아이와 같은 시작이지만 영혼은 맑아지고 풍선처럼 부풀은 마음은 하늘을 날고 있다. 시의 세상으로 이끌어 주시고 부족함에 격려와 찬사를 아끼시지 않은 유지희 선생님께 감사드리며 당선 소감을 대신합니다.'고 밝혔다.

2.

시집 《그곳에 가면》은 저자 자신에 의해 다섯 부분으로 나뉘어 있다. 이 구성의 이유는 소재나 주제상의 몇 가지 유사점을 몇 개의 덩어리로 나눈 것으로 생각된다. 1부에는 이 시집의 첫 작품인 동명의 시가 나온다.

그늘지고 습한 외딴 곳에
소박한 보랏빛으로 너는 피었네

아가들의 반달같은 손톱
아리따운 아가씨들도
너를 반기고 찾는 이 없구나
저 산마루로 가던 바람이
잠시 머물러 보듬고 토닥이며

외로움을 달래주네

찌든 더위 아랑곳하지 않고
가슴 시리도록
순수함을 잃지 않는 아름다운 그대여

-〈물봉선화〉 전문

바로 그날
세상을 다 얻은 것 같았다

발바닥이 부르트도록
이력서 들고 동분서주했던
취직의 높은 문턱

2차 면접 시험 날
서투른 넥타이
몇 번이나 고쳐 매며 긴장한 모습
그저 바라만 보던
가슴 짠하던 그날 아침

우리 온 가족의 기쁨
대학입학 시험보다 더 어려웠던
최종 입사합격

개천에서 용났다는 큰 아들아
오늘날까지 흐트러짐 없는 효심
언제나 사랑과 기쁨이어라

-〈그날의 기쁨〉 전문

2부 맨 앞에 나오는 시 〈그날의 기쁨〉은 20년 전의 가족에 얽힌 일들을 되돌아보면서 '돌아보는 그리움'을 품고 있다. 〈고향〉, 〈세월〉, 〈고독〉, 〈행복〉, 〈언니〉, 〈이별〉, 〈보름달〉, 〈약속〉 등 가족의 기쁨과 슬픔, 나와 어머니,

"오십여 년이 훌쩍 흐른 뒤 고향집 찾아가보니/ 내가 살던 집은 간곳이 없고/ 늙은 감나무만 제자리 지키며 / 가지마다 등불 달고/ 붉게 익어가고 있다" -〈고향〉 일부. 젊은 시절에 대한 그리움을 노래하기도 한다.

달빛에 어리는 / 찔레꽃 같은 해맑은 웃음
언니 체취는 찔레꽃 향기

-〈언니〉 일부

보름날 밤/ 소원 비는 나를
갸우뚱 내려다보는/ 달님 속
어머니 얼굴

-〈보름달〉 일부

3부에선 주로 4계절을 통해 나무와 숲, 꽃, 등산이나 여

행에서 얻은 화자의 회상이 많다. 여행은 교육적 의미로서 재창조를 위한 생산적 행위라야 한다. 자연을 사랑하고 자연에서 배우고 자연에서 살자.〈밝은 사회〉.

독일의 신비가이며 종교 시인인 안겔루스 질레지우스(Angelus Silesius; 1624~1677)는 일찍이 인간의 존재에 대하여 설파한 바 있다.

"스스로 생명을 가지고 있는 우리들에게 살아있는 존재들이 오직 물리학적인 인식의 대상일 수만은 없다는 것은 진실입니다. 그러나 우리들이 그 외에 무엇보다도 살아있는 존재들이 다해야 할 책임은 객관적인 인식의 내용을 거부하는 것이 아니고, 〈나〉를 〈너〉와 관련짓는 그 무엇, 즉 사랑인 것입니다. 우리는 영혼을 〈나〉로서, 〈너〉로서, 〈우리〉로서 알고 있습니다. 그리스도 人은 〈나〉로서 〈너〉에게 자유로이 맞서 있습니다. 〈그리스도〉인은 동포를 보면, 이러한 보는 자유 속에서 그를 사랑합니다. 만약에 이러한 태도에서 사랑이 떨어져 나가버리고 인식만이 남게 된다면, 남(他人)은 이미 주체라고 불리어지지 않습니다."

"벗이여, 그것으로써 충분하니라.
더 많이 읽고 싶거든
가라! 가서 스스로 책이 되고, 스스로 본질이 되어다오."

안겔루스 질레지우스, -〈방랑의 천사〉 마지막 연

구춘지 시인은 여행에서도 가족 사랑의 마음을 항상

지니고 있다. 할머니와 어머니에 대한 사랑은 더욱 깊은데 그 까닭은 미루어 짐작 될 줄 모르지만 애석하게도 할아버지와 아버지가 일찍 그의 곁을 떠나 저 세상에 가셨기 때문이다.

시외버스 터미널 대합실
어디론가 떠나고픈 날
요금 표지판 행선지 표지판
두리번거리며 살피는 사람들
흥분에 들뜬 싱그러운 젊은이들
축 늘어진 어깨로 앉아있는 중년신사
쉴 새 없이 열리고 닫히는 출입문
출구마다 흩어지는 사람들

-〈바람 부는 날〉 일부

누가 보냈을까
떠돌다 안식을 취하려 사랑 찾아왔나
…………………………
접시꽃, 너를 보며 나를 본다

-〈접시꽃을 보며〉

수많은 희망이 모이고 고여
흐르는 한강

둘이 셋이 손잡고 걷고
자전거로 달리며
바람을 가르는 사람들

꿈과 낭만이 무지개로 뜨는 한강 공원

-〈한강 공원〉

4부 첫머리에 나오는 〈그곳에 가면〉은 경기도 포천과 강원도 철원의 경계를 이루는 억새의 축제가 열리는 명성산 만추의 모습을 떠올려준다. 신라 비운의 왕자 궁예가 태봉국을 세우고 고구려의 후예임을 내세웠으나 역사는 이긴 자의 편에 선 전기인가. 그 가운데에는 고려의 시조 왕건이 있었다. 태봉국 궁예의 전설이 가득 어린 곳, '울음산' 이름의 명성산.

주로 산행과 문학기행의 시들로 짜여져 있다. 〈점순이의 동백꽃〉, 〈옥천을 가다〉, 〈편백나무 숲길〉, 〈홍제천의 슬픈 역사〉, 〈소나기 마을〉, 〈두타연(DMZ)에서〉, 〈우이령〉, 〈지리산 둘레길〉 등.

지켜주지 못하여
치욕스럽게 짓밟힌 여인들
따뜻한 가슴에 품고 다독여 준
남정네 있었을까

- 〈홍제천의 슬픈 역사〉 일부

금강산 가고 오던 옛길
사람이 다니던 길을 사람이 막았어도
물의 길은 막을 수 없어
깊고 푸르게 못을 이룬 두타연

전쟁으로 잃은 수많은 희생자들
이름도 성도 알 수 없는 병사들의 유골
지뢰와 함께 묻혀 고향도 찾을 수 없다

얼마나 많은 피를 흘렸기에
이름마저 피의 능선인가
반 세기가 지나고
십 년이면 강산도 변한다는 세월을 더하고
십 년이 또 꼬부라지게 흐른 시간

- 〈두타연(DMZ)에서〉 앞부분

경춘가도를 달린다. 강촌 춘천을 지나 배후령을 넘는다. 두타연 진입로에서 인원점검, 검문 후 통제지역으로 들어선다. 백석산 자락의 계곡은 맑은 물이 휘감아 돌며 굽이친다. 금강산 가는 가장 가까운 길목에 위치한 두타연의 생태 관광코스를, 사람의 손길이 미치지 않는 청정한 자연의 수정 같은 계곡과 희귀 동식물, 아름다운 산야를 둘러보고 "하나 되는 그날을 간절히 소망하며/ 위령탑 앞에 머리를 숙여본다"

3.

감동의 표현인 시를 생각할 때, 몇 가지 되뇌어 보는 말씀이 있다. 편운 조병화 선생님의 부드러운 목소리 "너무 어렵게 쓰지 마라", "시간은 목숨이다."는 늘 간직하고 있다.

황순원 선생님의 "자기 속에 최상의 독자를 키우는 것이 작가가 해야 할 의무의 하나다."는 여러 사람이 본받았을 것이다.

한편 나의 60년대 후반에 찾아뵌 다형 김현승 선생님의 말씀, "생활을 쓰세요." 늘 나를 채찍하고 있다. "우리나라에는 순수 서정시가 90% 넘는데, 주지적인 작품들이 나와야 한다."는 요지의 시론과 함께. "지금도 시가 되나" 밤새워 묵은 펜을 세워보시던…

여러 해 전 한글 학회 허웅 회장님의 말씀도 생각난다. 「우리말 우리글 바로쓰기 운동」 '2000년 8월의 우리 말글 지킴이'

"30년, 두 세대가 될 때까지 어째서 이 벽을 넘지 못할까. 장벽, 하루아침에 부수면 될 것인데, 눈물보다 화가 나서 답답해서… 가로 막고 있는 그 힘이 뭐일까. 그 벽을 만든 사람은 누구였을까. 사람의 두 평생이 지나도록 연극을 하고 있다." "우리 말, 글 답답한 채, 미국 이민가서 연락 안 되던 여자 이름 같은 이명희, 대학 동창이 와서 저녁을 같이 하고 헤어졌는데, 그 후 며칠 자다가 깨는 경험을 했다. 그 녀석이 전해 준 설익은 사연들, 만나고 싶은 좋은 사람이 있다는 것은 풀벌레 소리가 요란히 기다렸다는 듯이 울리는 맛이구나."

5부에는 허심(虛心) 1. 2. 3의 연작시도 보인다. 앞으로 계속할 모양인데, 듣기로 구 시인은 서울에 처음 왔을 때 신설동 보문사 근방에서 또는 약수동에 살면서 잠실에 위치한 봉은사에 다녔다 한다. 숲속과 벌판이던 곳이 이제는 개발이 되어 높은 빌딩이 앞다투어 들어서고 있는 형편이다.

고요한 산사의 풍경소리
허례허식 가득한 마음
풍경 끝에 달아 놓으면
바람으로 사라지려나
가슴에 파란 하늘 담는다

-〈허 심〉

음식 할 때면/ 맛이 있나 없나/ 할머니께 드려본다
그때마다 할머니는
간만 맞으면 맛있다고 하셨다
일상생활에서 시시때때로 생각나는 할머니 말씀
싱겁게 살지 말아야지 /더더욱 짜게는 살지 말아야지

- 〈간을 맞추자〉 일부

가슴 깊이 고운 수놓는 것이 사랑이라면
난 사랑하지 않고
무명천 그대로 있으오리라

-〈사랑〉 일부

너나 없이 아픈 마음/ 네 서러움에 네가 울고
내 서러움에 내가 운다
그 누가 말했던가/ 피는 꽃도 서러움이요
지는 꽃도 서러움이라고

-〈서러움〉 일부

가을 소리에 문득 어머니 생각/ 뚝딱 뚝딱 이른 새벽 도마소리
움푹 파인 나무도마는/ 몸도 마음도 다 내주신
엄마의 살아 온 흔적일세

-〈엄마 생각 (도마)〉

사랑은 눈빛이 가서/ 눈빛이 머물고
눈빛으로 주며
손길보다 눈빛으로 쓰다듬고

-〈사랑은〉 일부

돌 하나 하나 공들여 탑을 쌓듯

다지며 살아온 한평생
부부는 고운 정보다 미운 정으로 살아가는
하늘이 맺어준 천생연분

- 〈부부〉 일부

시 〈허무〉에서는 "따뜻한 차 한 잔 같이 나눌 사람이 그립구나"로 끝행을 장식했는데 '2014. 8. 돌아가신 어머니를 생각' - 이렇게 적혀 있다.

시 〈그리운 사랑 1. 2〉 는 "할머니 사랑 그립습니다" / "할머니 보고 싶습니다"로 끝맺고 있으며, 우리 삶에 대한 또는 시에 대한 경건한 마음을 갖게 한다.

"역사가와 시인과의 차이는 역사가가 이미 일어난 사실에 대해 말하는데 반해 시인은 앞으로 일어날 가능성이 있는 사상(事象)에 관해 말한다는 점에 있다. 그러므로 역사에 비하면 시가 보다 더 철학적이고 품격도 더 높은 것이다. 시인이 말하는 것은 보편적인 문제인데 대하여 역사가가 말하는 것은 개별적인 문제이기 때문이다."

- 아리스토텔레스

「철학자와 시인과 역사가」 "오늘의 시는 벌써 음유(吟遊)의 대상도 아니고, 연애 감정의 만족을 위한 것도 아니며, 음악의 일부도 아니고, 또는 음악의 상태를 동경하지도 않는다. 오늘날 흔히 말하는 생각하는 시란 다른 말로 표현하면 철학의 상태를 말하는 것이 될 것이다. 철학자가 현상(現狀)에 구애되지 않고 사물의 본질을 파악하기에 그의 총명을 집주(集注)하려 한다면 시인의 임무와 태도도 이와 다를 것이 무엇일까? 그리하여 개개의 본질을 파악함으로써 인간과 자연의 전체 운명에 도달하고 그러한 가설(假說) 위에다 현대적 위기의 탈출구를 열어 보려고 하는 것이 사색하는 오늘의 지성(知性)이라면 시인의 지감성(知感性) 또한 오늘에 처하여 다를 것이 무엇인가? …왜냐하면 한편은 인간의 마음으로부터 어린아이와 같은 선입감을 씻어버리고, 한편은 인간의 마음을 어린아이와 같은 선입관에 빠지게 하기 때문이다. (중략)

구체적인 사실을 표현하는 직능(職能)에 있어 시인과 역사가는 동일하다. 오늘의 시인으로 하여금 역사의 증언자가 되게 하는 소치도 여기에 있을 것이다. 그러나 그 구체적인 사실은 어디까지나 전면적인 진실을 포함한 것이어야 한다. 다시 말하면 개체를 통하여 전체를 나타내는 것이 되어야 하겠다. 개아(個我)를 통하여 전면적인 진실을 나타내는 것이 시의 임무다. 그리하여 보통의 진리를 추구하는 정신적 내용에 있어 시인은 철학자와 어깨를 나란히 할 것이다. 이 모순된 두 가지 세계를 능히 조화시키는 곳에 시의 매력은 한층 빛날 것이다."

-김현승 산문집 〈고독과 시〉에서

구춘지 시인의 시집 《그곳에 가면》의 가슴 깊이에서 우러나는 진실성이 우리에게 위안과 희망을 주기 바란다.

시를 더욱 더 중요한 것으로 만들기 위해 언어를 갈고 닦아 빛나는 시 짓기에 나서기 바라며 첫 시집의 출간을 진심으로 축하드린다.

구춘지 시집

그곳에 가면

1판 1쇄 인쇄/ 2016년 11월 15일
1판 1쇄 발행/ 2016년 11월 25일

지은이/ 구 춘 지
펴낸이/ 김 주 안
펴낸곳/ 도서출판 진실한 사람들
주소/ 서울특별시 종로구 삼일대로 457 수운회관 713호
Tel/ 02-730-3046~7
Fax/ 02-730-3048
E-mail/ munvi22@hanmail.net
등록번호/ 제300-2003-210호
ISBN/ 978-89-91905-67-2

값 10,000원